بریمن کے راہ چلتے گویّے

# The Buskers of Bremen

Adapted by Henriette Barkow
Illustrated by Nathan Reed

Urdu translation by Qamar Zamani

ایک زمانے میں ایک گدھا تھا جسکو گانے کا بہت شوق تھا۔ حالانکہ وہ ایک نہایت بوڑھا گدھا تھا لیکن وہ کام کرتے وقت گاتا رہتا تھا۔ لیکن گدھے کا گانا سُریلا نہیں تھا۔ اِس لئے اُس کا مالک بے حد جھنجھلا جاتا تھا۔

Once there was a donkey who loved singing. Even though he was an old, old donkey he always sang while he worked. But the donkey's singing wasn't very sweet and it drove his owner mad.

ایک روز گدھے نے اپنے مالک کو یہ کہتے ہوئے سُنا "میں اِس بڈھے، بیکار گدھے سے تنگ آچکا ہوں۔ اَب اِس کو ختم کرنا ہی پڑے گا!"
لیکن گدھا مرنا نہیں چاہتا تھا اِس لئے وہ بھاگ کھڑا ہوا۔
"میں راہ چلتا گویّا بن سکتا ہوں۔" اِس نے بریمن کی طرف دُلکی لگانا شروع کر دی۔

One day he overheard him say, "I've had enough of that useless old donkey. He's for the chop!"
But the donkey didn't want to die, so he ran away.
"I could be a busker," he thought as he trotted along the road to Bremen.

ابھی گدھا زیادہ دور نہیں گیا تھا کہ اُس نے ایک بڈھے
کتے کو زمین پر گرا ہوا دیکھا۔

"کیوں، کیا بات ہے؟" اُس نے کتے سے پوچھا۔

The donkey hadn't gone far when he saw an
old dog lying by the side of the road.
"What's wrong?" he asked him.

"کسان مجھے ختم کروادینا چاہتا ہے کیونکہ میں بہت بڈھا ہو گیا ہوں۔ اِس لئے میں وہاں سے
نکل بھاگا لیکن اَب میری سمجھ میں نہیں آتا کہ کہاں جاؤں۔" کتے نے بھونک کر کہا۔
"چلو، میرے ساتھ آؤ اور میری راہ چلتے گویّوں کی ٹولی میں شامل ہو جاؤ۔"
گدھے نے مشورہ دیا اور اِس طرح کتا بھی گدھے کے ساتھ ساتھ بریمن کی سڑک پر چل دیا۔

"The farmer wants to have me put down because I'm too old. So I ran away but I have nowhere to go," barked the dog.
"Come and join my band of buskers," suggested the donkey.
And that was how the dog came to join the donkey on the road to Bremen.

گدھا اور کتا ابھی زیادہ دور نہیں گئے تھے کہ اُن کو ایک بوڑھا بلّا ملا۔ "کیوں کیا بات ہے؟" اُنہوں نے بلّے سے پوچھا۔

"دکان دار مجھے ڈبو دینا چاہتا ہے کیونکہ اَب میں بڈھا ہو گیا ہوں اور چوہے پکڑنے کے قابل نہیں رہا۔ اَس لئے میں یہاں سے بھاگ آیا لیکن میری سمجھ میں نہیں آتا کہ اَب کہاں جاؤں۔" بلّے نے میاؤں کر کے کہا۔

"چلو ہمارے ساتھ آؤ اور ہماری راہ چلتے گویّوں کی ٹولی میں شامل ہو جاؤ۔"

گدھے نے مشورہ دیا اور اِس طرح وہ بلاّ کتے اور گدھے کے ساتھ بریمن کی سڑک پر چل پڑا۔

The donkey and the dog hadn't gone far when they met an old cat.

"What's wrong?" they asked him.

"The shopkeeper wants to drown me because I'm too old to catch mice. So I ran away but I have nowhere to go," meowed the cat.

"Come and join our band of buskers," suggested the donkey.

And that was how the cat came to join the dog and the donkey on the road to Bremen.

تینوں جانور ابھی زیادہ دور نہیں گئے تھے کہ اُن کو ایک مُرغا ملا۔

"کیوں، کیا بات ہے؟" اُنہوں نے پوچھا۔

"کسان کی بیوی مجھے کاٹ کر میرا شوربہ پکانا چاہتی ہے۔
اِس لئے میں بھاگ آیا ہوں لیکن اَب میری سمجھ میں نہیں آتا کہ کہاں جاؤں۔"
مرغے نے بانگ دے کر کہا۔

The three animals hadn't gone far when they met
a cockerel.
"What's wrong?" they asked him.
"The farmer's wife wants to make me into soup.
So I ran away but I have nowhere to go," crowed
the cockerel.

"چلو ہمارے ساتھ آؤ اور ہماری راہ چلتے گویّوں کی ٹولی میں شامل ہو جاؤ۔"

گدھے نے مشورہ دیا اور اِس طرح مرغا بھی بلے، کتے اور گدھے کے ساتھ بریمن کی سڑک پر چل پڑا۔

"Come and join our band of buskers," suggested the donkey.
And that was how the cockerel came to join the cat, the dog and the donkey on the road to Bremen.

جب رات ہو گئی تو چاروں تھکے ماندے جانوروں نے جنگل کے کنارے لیٹ کر سونے کا فیصلہ کر لیا۔

When night fell the four tired animals
decided to sleep at the edge of a wood.

مرغا اُڑ کر ایک پیڑ پر جا بیٹھا اور وہاں
سے آواز لگائی کہ اُس کو کچھ فاصلے پر ایک
گھر نظر آ رہا ہے۔
"چلو وہاں چل کر دیکھتے ہیں۔"
اُس نے کہا۔
"کم از کم یہاں باہر سونے
سے تو وہ گھر بہتر ہوگا۔"

The cockerel flew into a tree and crowed that he
could see a house in the distance. "Let's go and
take a look," he said. "It'll be better than sleeping
in the open."

When they reached the house the cat had an idea.
"We could sing for our supper," he suggested.

The dog counted to three and they all started to sing. It was horrible!

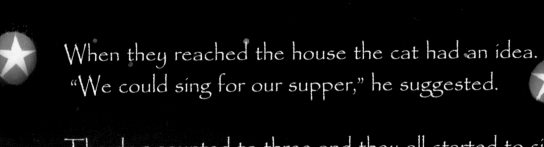

جب وہ گھر تک پہنچ گئے تو بلّے کو ایک خیال آیا۔

"ہم سب مل کر اپنے کھانے کے لئے گانا گا سکتے ہیں۔" اُس نے مشورہ دیا۔

کتے نے تین تک گنتی گنی اور سب نے گانا شروع کر دیا۔

سخت بے سُرا گانا تھا!

دفعتاً گدھے کی بوڑھی تھکی ہوئی ٹانگیں لڑکھڑانے لگیں۔ کُتا، بِلّا اور مرغا اپنا توازن قائم نہ رکھ سکے اور ایک زبردست دھماکے کے ساتھ کھڑکی کے اندر گر پڑے۔

Suddenly the donkey's tired old legs started to wobble. The dog, the cat and the cockerel all lost their balance and with a mighty crash they fell through the window.

مکان کے اندر تین ڈاکو تھے جو اِس شور و غل سے بے حد خوف زدہ ہو گئے۔ وہ سمجھے کہ ایک بہت بڑا خوفناک جانور اُن پر حملہ کرنے جا رہا ہے اِس لئے اپنی جان بچا کر وہاں سے بھاگ گئے۔

Inside the house three robbers were terrified by the noise. They thought that they were being attacked by an enormous monster and fled for their lives.

جب چاروں جانوروں نے کوشش کر کے اپنے
آپ کو اُٹھایا اور یہ دیکھا کہ وہ کہاں ہیں تو اُنہیں اپنی آنکھوں پر یقین نہ آیا۔
اُن کے سامنے کھانے پینے کی اتنی چیزیں رکھی تھی کہ وہ ساری زندگی اُن پر گزارہ کر سکتے تھے۔
وہ کھاتے گئے یہاں تک کہ ایک اور لقمہ لینا بھی مشکل ہو گیا۔
اَب صرف اُن کو ایک آرام دہ بستر کی تلاش تھی جہاں رات گزار سکیں۔۔۔

When the four animals had picked themselves up and saw where they were, they couldn't believe their eyes.
There, in front of them, was enough food and drink to last a lifetime. They ate until they could eat no more.
Now all they needed was a comfortable bed for the night...

جو اُن کو فوراً ہی مل گیا اور وہ دن بھر کی تھکن کے بعد جلد ہی سو گئے۔

...which they soon found, and quickly fell asleep after their exhausting day.

جب تمام بتیاں بجھ گئیں تو سب سے بہادر ڈاکو چپکے سے باہر
نکلا اور یہ دیکھنے گھر کی طرف واپس گیا کہ وہاں کون ہے۔ وہ بہت آہستہ
سے پنجوں کے بل چل رہا تھا لیکن مکمل خاموشی سے کام نہیں کر سکا۔

After all the lights had gone out, the bravest robber
sneaked back to see who was in his house. He tiptoed
as quietly as he could but he wasn't quiet enough.

تمام جانوروں نے اُس کے مکان میں داخل ہونے کی آواز سُن لی۔

All the animals heard him enter the house.

کتا اُچھلا اور اُس کو کاٹ لیا۔

The dog leapt up and bit him.

بلّی نے اپنے پنجوں سے اُس کو کھرچ ڈالا۔

The cat scratched him.

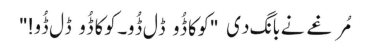

مُرغے نے بانگ دی "کوکاڈُو ڈل ڈُو۔ کوکاڈُو ڈل ڈُو!"

The cockerel crowed:
"Cock-a-doodle do! Cock-a-doodle do!"

اِس کے ساتھ ہی گدھے نے اُس کو ایک زبردست
ٹھوکر ماری اور وہ اُڑتا ہوا کھڑکی سے باہر نکل گیا۔۔۔

while the donkey gave him a mighty kick
and he went flying through the air...

اور بھَد سے زمین پر گرا!

"تمہیں کیا ہو گیا؟" ڈاکوؤں نے اُس سے پوچھا۔
اور ذرا سوچو تو اُس نے کیا کہا۔

...and landed with a Thud!

"Whatever happened to you?" the robbers asked.
And just imagine what he said.

"وہاں ایک بہت خبیث جادوگرنی ہے جس نے مجھے کھرچ ڈالا۔
ایک دیونما آدمی نے مجھ پر چاقو سے حملہ کیا اور ایک پولیس والے
نے مجھے ایک ڈنڈے سے مارا۔ پھر ایک قاضی نے چلاّ کر کہا۔ "تمہاری جگہ جیل میں ہے! تمہاری جگہ جیل میں ہے!""

"There was a vicious witch who scratched me. A huge man stabbed me with a knife, and a policeman hit me with a club. Then a judge shouted: 'Jail's the place for you! Jail's the place for you!'"

خیر۔ اِس کے بعد اُن ڈاکوؤں نے جانوروں کو کبھی پریشان نہیں کیا۔

ہمارے چاروں بہادر کبھی بریمن نہیں پہنچ سکے اور نہ  کبھی وہ راہ چلتے گویّے بن سکے۔

لیکن اگر تم کبھی کسی خاموش رات میں سیر کو نکلو تو شاید اُن کو گاتے ہوئے سُن سکتے ہو۔

Well, after that the robbers never troubled the animals again.

Our four heroes never reached Bremen and they never became buskers.

But if you're out walking on a still night you might just hear them singing.

*Mantra*

5 Alexandra Grove, London N12 8NU

http://www.mantrapublishing.com